Eliminando o estresse

BRIAN WEISS

Eliminando o estresse

SEXTANTE

tradução: Marilena Reginato de Morais

preparo de originais: Regina da Veiga Pereira

revisão: Fátima Fadel e Tereza da Rocha

projeto gráfico e diagramação: Valéria Teixeira

produção do CD: Carlos Irineu da Costa

locução do CD: Marcio Seixas

capa: Raul Fernandes

fotolitos: R R Donnelley

impressão e acabamento: Bartira Gráfica e Editora S/A

CIP-BRASIL. CATALOGAÇÃO-NA-FONTE
SINDICATO NACIONAL DOS EDITORES DE LIVROS, RJ

W456e Weiss, Brian L. (Brian Leslie), 1944-
Eliminando o estresse / Brian L. Weiss ; tradução de Marilena Reginato de Morais. – Rio de Janeiro : Sextante, 2006.

Tradução de: Eliminating stress, finding inner peace
ISBN 85-7542-243-X

1. Stress (Psicologia). 2. Stress (Fisiologia). 3. Administração do stress. I. Título.

06-2619. CDD 155.9042
CDU 159.944

GMT Editores Ltda.
Rua Voluntários da Pátria, 45 – Gr. 1.404 – Botafogo
22270-000 – Rio de Janeiro – RJ
Tel.: (21) 2286-9944 – Fax: (21) 2286-9244
E-mail: atendimento@esextante.com.br
www.sextante.com.br

Sumário

Capítulo Um

A NATUREZA DO ESTRESSE

O estresse parece inevitável e onipresente. As inúmeras fontes potenciais de estresse estão presentes em toda parte, prontas para nos tirar a alegria e prejudicar nossa saúde.

A complexidade da vida moderna aumentou de forma geral os níveis de estresse e tensão. A internet e os noticiários na televisão 24 horas por dia nos deixam conhecer tragédias e desastres pouco depois que acontecem, em qualquer parte do mundo. Os avanços na tecnologia de transporte e comunicação aumentaram expressivamente a mobilidade em nossos ambientes de vida e trabalho. Perdeu-se o contato reconfortante com a família extensa, pois necessidades de trabalho e estudo separam seus membros. O apoio, a ajuda e a troca de afeto no convívio com pais e avós vão se tornando cada vez mais raros por causa da distância e do custo das viagens. Mesmo os que moram na mesma cidade ficam tão absorvidos por suas atividades, que encontram pouco tempo para conviver.

Cresce o número de famílias em que a mãe ou o pai cria sozinho os filhos, o que aumenta a responsabilidade na formação das crianças – que deixa de ser compartilhada – e faz crescer os encargos financeiros e de ordem prática. Além disso, o trabalho profissional tem que ser mantido a qualquer custo, mesmo que não gratifique ou realize, porque o desemprego é um fantasma cuja ameaça permanente só faz aumentar o estresse. A tecnologia da informação nos bombardeia constantemente através de telefones celulares, e-mails, mensagens instantâneas, bipes e outras coleiras eletrônicas. Não temos como escapar. Não há mais "intervalo". Nossos sistemas de apoio estão se desgastando e nos sentimos sobrecarregados.

Os avanços tecnológicos em operações militares e em armas de destruição em massa também aumentaram nosso nível de desconforto. Alguns resultados negativos de formas mais novas de tecnologia, como lixo nuclear, aquecimento global e poluição do meio ambiente, também tiveram um efeito cumulativo no aumento do estresse. A complexidade crescente do mundo é outro fator que abastece um estado crônico de estresse e tensão. A evolução espiritual e a capacidade de recuperar e manter um equilíbrio saudável simplesmente não progrediram na mesma proporção que os elementos causadores de tensão.

Um efeito de todas essas transformações foi uma mudança na natureza e no padrão de tudo o que induz ao estresse. Quando a vida era mais calma, podíamos experimentar momentos de estresse agudo, mas em seguida voltávamos à tranqüilidade e nos recuperávamos. Nossos corpos conseguiam eliminar os hormônios do estresse e voltar às condições normais. Agora, estamos muito mais freqüentemente expostos ao estresse constante ou crônico que não dá aos nossos corpos tempo suficiente para reverter os nocivos efeitos fisiológicos. Isso nos mantém constantemente mergulhados em hormônios do estresse, pagando um enorme preço físico e mental.

Por essas razões, este livro é um instrumento precioso. Saber como reduzir rapidamente os níveis de estresse na mente e no físico é de importância vital para manter a saúde num mundo que cada vez mais nos sobrecarrega. As técnicas que apresentamos aqui e o texto do CD que acompanha o livro podem ajudar você a conseguir isso.

❃ ❃ ❃

O estresse resulta de nossa reação psicológica e física às mudanças potenciais com que convivemos atualmente. A mente reage com ansiedade, preocupação ou medo. O corpo reage secretando substâncias químicas e hormônios.

O circuito do estresse fisiológico que existia no homem primitivo como mecanismo para assegurar a sobrevivência da espécie, e que foi geneticamente refinado ao longo de milhares de anos, funciona da seguinte maneira: quando um perigo é percebido, a região do hipotálamo em nosso cérebro responde liberando CRH (hormônio liberador de corticotropina) que ativa a glândula pituitária que, por sua vez, secreta ACTH (hormônio adrenocorticotrófico), que faz as glândulas adrenais liberarem três outros hormônios: epinefrina (adrenalina), norepinefrina (noradrenalina) e cortisol (glicocorticóide).

A epinefrina e a norepinefrina aumentam a pressão arterial e a freqüência cardíaca, desviam o sangue do sistema gastrointestinal para os músculos e aceleram o tempo de reação. O cortisol libera glicose (açúcar) da reserva fisiológica, a fim de prover combustível imediato para o corpo. O cortisol também age para prevenir inflamação no local de lesões ou ferimentos em potencial. O circuito completo de secreção de substâncias químicas e hormônios é conhecido como eixo HPA – hipotalâmico-pituitário-adrenal.

Uma ameaça real ou imaginária ativa o eixo HPA, fazendo-nos mudar para o modo de reação energética. Estamos prontos para lutar ou fugir, dependendo da natureza do perigo. A respiração acelera, o coração dispara e a mente se torna ao mesmo tempo ativa e concentrada. Ao receber suprimento de sangue e combustível, os músculos ficam prontos para a ação imediata. A força física e a agilidade melhoram.

No mundo atual, o estresse causado por relacionamentos, problemas financeiros, tragédias dos noticiários e engarrafamentos parece aumentar e diminuir, mas jamais cessar. O eixo HPA é permanentemente ativado, sem que haja um ponto final bem definido. As substâncias químicas do estresse são secretadas de forma constante. Muitas vezes não podemos lutar nem fugir. Nós nos sentimos impotentes, presos numa armadilha. Uma ativação a longo prazo do eixo HPA causa doenças crônicas nocivas, físicas e psicológicas, como problemas cardíacos, úlceras, obesidade, abuso do uso de drogas, depressão, enfraquecimento do sistema imunológico, entre outras. A redução do estresse não apenas melhora a qualidade de vida como pode literalmente salvar vidas.

Capítulo Dois

CAUSAS DO ESTRESSE

Muitas pessoas não se dão conta ou têm pouca consciência dos níveis de estresse que podem estar suportando todos os dias. Muitas ignoram as causas mais comuns de estresse capazes de nos afetar a qualquer hora. O estresse, em geral, pode ser definido como qualquer ativação do eixo HPA, o que significa quase todo estímulo, como medo ou dor, que perturba ou interfere com o equilíbrio fisiológico normal do indivíduo. O estresse é nossa reação fisiológica e psicológica aos acontecimentos diários da vida.

Quando os estressores – fatores que geram estresse – são em menor número e de duração limitada, podem ser vistos como fatos positivos, porque nossos corpos e mentes se tornam mais alertas, concentrados, energéticos e envolvidos. Nesses casos, os resultados produzidos são benéficos. Por exemplo, atores e músicos consideram que sua atuação muitas vezes fica favorecida quando há um estresse causado pela concentração mais centrada. Estudantes em período de provas também podem ser favorecidos pelo estresse. Além de motivar a mente e melhorar a concentração, os hormônios do estresse aumentam a função muscular e aceleram o tempo de reação. Atletas e pessoas que querem melhorar o desempenho físico podem se beneficiar largamente dessas mudanças psicofisiológicas.

Nos exemplos descritos, quando passa o fato causador do estresse moderado, os hormônios do estresse são eliminados do corpo e voltamos ao nosso estado normal de equilíbrio. Mas, se o estresse é grave ou persiste por um período longo, esses resultados benéficos podem não ocorrer.

Os fatos que listamos a seguir são geralmente considerados os estressores mais poderosos. Seus efeitos são cumulativos. Se você ficar sujeito a diversas dessas experiências em um período relativamente curto, provavelmente estará sob um risco maior de desenvolver sintomas nocivos ligados ao estresse.

- morte de um colega, familiar ou amigo próximo
- sofrimento causado por um ferimento grave, doença ou acidente
- perda do emprego ou problemas sérios no trabalho
- perda de um relacionamento significativo, por divórcio ou rompimento
- gravidez não desejada
- problemas legais, especialmente prisão e processos

- problemas financeiros sérios, incluindo recusa de empréstimos
- ser vítima de crime, violência ou maus-tratos
- abandono ou traição por parte de alguém que se ama
- eventos traumáticos, como desastres naturais
- mudança de residência, emprego ou estado civil
- maternidade/paternidade
- problemas com filhos
- perda de seguro (especialmente o de saúde) ou de outros benefícios
- necessidade de equilibrar responsabilidades ligadas à família e ao trabalho
- prazos curtos ou competição insana no trabalho ou na escola
- discussões domésticas
- problemas de fertilidade
- aposentadoria
- fracassos, críticas e humilhações públicas

Naturalmente, há muitos outros estressores; os listados aqui são apenas alguns dos mais comuns e os que produzem um maior número de efeitos significativos.

Capítulo Três

SINAIS E SINTOMAS DE ESTRESSE

Como já disse, o estresse aumenta no corpo a secreção de hormônios e substâncias químicas de que normalmente só precisamos em situações de emergência. Durante episódios crônicos de estresse, o ritmo cardíaco se acelera, a pressão arterial pode aumentar a níveis alarmantes e a acidez estomacal é capaz de corroer o revestimento do trato digestivo. Nós nos sentimos cada vez mais infelizes e desesperançados, o que pode evoluir para uma depressão clínica. O sono fica perturbado e não tem efeito recuperador; nós nos sentimos cada vez mais cansados e sem energia. A libido diminui, afetando ainda mais os relacionamentos. Podemos perder ou ganhar peso, dependendo de como é afetado nosso apetite.

Os custos econômicos também são consideráveis. O tempo de trabalho desperdiçado por doenças relacionadas ao estresse causa perdas catastróficas aos negócios e às pessoas. Os custos para o sistema de saúde também são enormes.

Exames clínicos, físicos e até hospitalizações são incrivelmente caros e demorados, além de fisicamente desagradáveis, podendo levar a perigosos efeitos colaterais secundários.

Os sintomas de estresse crônico podem ser classificados de psicológicos, físicos e comportamentais.

Os sintomas psicológicos incluem:

- diminuição da concentração
- esquecimento
- medos e ansiedades
- depressão e outros distúrbios do humor
- irritabilidade
- preocupação
- sentimentos de perigo iminente
- baixa auto-estima
- problemas de atenção
- raiva
- culpa
- desconfiança
- baixa tolerância à frustração
- perda de motivação; medo do fracasso

Os sintomas físicos incluem:

- dores de cabeça
- aumento da pressão arterial, dos batimentos cardíacos
- sudorese
- sensação de aperto no peito
- dificuldade de respirar
- hiperventilação
- tremores
- tiques nervosos
- secura na garganta e na boca
- letargia e fadiga
- insônia
- diarréia e dores de estômago
- diminuição da libido
- obesidade ou perda de peso
- bruxismo (ranger de dentes)
- dores nas costas ou no pescoço
- suscetibilidade a doenças
- palpitações (taquicardia ou extra-sístole)
- enrijecimento ou tensão muscular
- problemas dermatológicos

- azia e acidez estomacal
- osteoporose e fraturas ósseas

Os sintomas comportamentais incluem:

- aumento ou retomada do consumo de álcool, drogas ou tabaco
- excesso de ingestão de cafeína
- impulsividade
- comportamento agressivo
- excesso de ingestão de alimentos
- conflitos de relacionamento
- diminuição das atividades
- isolamento social; fuga de pessoas ou lugares
- reaparecimento ou agravamento de fobias
- fuga de responsabilidades

Se perceber que esses sinais e sintomas estão ocorrendo com maior freqüência ou gravidade, fique atento: você pode estar experimentando maiores níveis de estresse. Quanto mais cedo você aplicar as técnicas de redução do estresse, melhor vai se sentir. Os efeitos negativos do estresse crônico *podem* ser reduzidos. Seu corpo e sua mente *têm capacidade* para voltar ao seu estado de função normal.

Capítulo Quatro

Estresse e doença

Muitos estudos médicos têm ligado o estresse crônico a numerosos problemas e doenças. Na verdade, cinco das principais causas de morte nos Estados Unidos estão ligadas ao estresse: doenças cardíacas, câncer, enfermidades do pulmão, cirrose hepática e suicídio. Tanto as mulheres quanto os homens são afetados, sendo que as mulheres com mais freqüência. O estresse não respeita sexo, raça, religião ou nacionalidade.

O estresse pode piorar o funcionamento do sistema imunológico, tornando o corpo vulnerável a infecções virais e bacterianas, assim como a outros patógenos oportunistas, como parasitas. O sistema imunológico também exerce um importante papel no aparecimento de muitos tipos de câncer. Com o enfraquecimento ou o comprometimento dos mecanismos de defesa imunológica, perde-se proporcionalmente a capacidade de rebater ou lutar contra células cancerosas, o que pode levar a conseqüências catastróficas. Nós nos tornamos mais sujeitos ao câncer, à sua propagação e a outras doenças que interagem com nosso sistema imunológico.

Não é mito o fato de que as pessoas apaixonadas adoecem menos. Os apaixonados tendem a ser mais alegres e otimistas. São menos afetados pelos estressores comuns do ambiente e da vida. No clima de amor em que estão imersos, eles pairam sobre os conflitos humanos. Quando a pessoa está apaixonada, suas funções de imunidade acham-se em nível elevado, protegendo-a de germes invasores, células cancerígenas e outros ataques à saúde.

O estresse parece aumentar os níveis do colesterol LDL, o chamado colesterol ruim, ligado a maiores riscos de doenças coronarianas. Outros estudos demonstraram que um estresse mental repentino causa a constrição de camadas internas dos vasos sanguíneos, aumentando assim o risco de ataque cardíaco ou acidente vascular cerebral.

O *New England Journal of Medicine*, considerado a principal revista de medicina geral nos Estados Unidos, publicou um importante artigo em janeiro de 1998, detalhando os múltiplos danos que o estresse crônico pode causar ao corpo humano. Além das doenças cardíacas e da disfunção do sistema imunológico, o estudo citava perda de memória, resistência à insulina e diminuição da densidade mineral óssea (osteoporose, que leva à fraqueza dos ossos e aumenta a possibilidade de fraturas).

Altos níveis de cortisol têm o poder de aumentar o apetite e levar à obesidade. A secreção prolongada de cortisol é capaz de provocar o aumento da produção de insulina.

A insulina, um poderoso estimulante do apetite, também causa acúmulo de gordura, especialmente em volta da cintura. Num estudo da Universidade de Yale, mulheres que acumulavam gordura especialmente no abdômen foram comparadas a mulheres que a acumulavam nos quadris. As primeiras relataram que se sentiam ameaçadas por tarefas estressantes. Essas mulheres produziam níveis significativamente mais altos de cortisol do que as do outro grupo. É interessante notar que as células de gordura acumuladas na área da cintura são muito ricas em receptores do hormônio do estresse, e um estudo da Escola de Medicina de Harvard verificou que a gordura abdominal estava relacionada com um risco maior de doenças coronarianas.

O estresse pode tolher o sistema reprodutor e diminuir a fertilidade. A produção de hormônios sexuais masculinos e femininos – testosterona, estrogênio e progesterona – pode, da mesma forma, ser inibida. A ativação prolongada do eixo HPA também inibe a secreção do hormônio do crescimento, essencial ao desenvolvimento normal.

Numerosos estudos ligaram o estresse – principalmente o estresse crônico – à depressão e ao aumento de tentativas de suicídio. Os pacientes também têm níveis mais elevados de CRH, o hormônio liberador de corticotropina, substância produzida no hipotálamo. Outras doenças físicas e psicológicas associadas à elevação de CRH incluem distúrbio obsessivo-compulsivo, anorexia nervosa, diversos tipos de síndromes de ansiedade, alcoolismo, diabetes, distúrbios da tireóide e algumas formas de insônia.

Capítulo Cinco

DISTÚRBIO DE ESTRESSE PÓS-TRAUMÁTICO

O estresse pós-traumático é um subtipo particular de estresse especialmente poderoso e causador de problemas, cada vez mais comum em nosso mundo violento. Muitos de nós já fomos expostos a fatores de estresse demolidores que parecem escapar ao nosso controle. Esses eventos traumáticos podem ser repentinos e concretos, como os ataques terroristas de 11 de setembro de 2001, ou cronicamente invasivos, como abuso sexual ou físico. Podem ser causados por seres humanos (violência e guerra), por acidentes (incêndios, acidentes de automóvel ou avião) ou pela natureza (furacões, terremotos, tornados). Nossas reações a tais eventos são bastante parecidas tanto física quanto psicologicamente. São elas que nos causam tanta dor e infelicidade.

Choque, ansiedade, culpa, irritabilidade crônica e depressão freqüentemente ocorrem como resultado do distúrbio de estresse pós-traumático. Também podem ocorrer abuso do consumo de drogas, além de insônia, pesadelos, reação exagerada ao medo e uma enorme quantidade de distúrbios psicossomáticos. São ainda comuns queda de concentração, sensação de confusão e desespero, sentimento de culpa exacerbado, baixa auto-estima, medo de perder o controle e o temor persistente e perturbador de que o evento traumático volte a acontecer. Finalmente, reações pós-traumáticas estão associadas de forma significativa a certos distúrbios psiquiátricos.

As pesquisas estimam que 40% a 60% das mulheres tratadas de distúrbios alimentares graves, como anorexia e bulimia, viveram traumas no passado. Em um estudo com vítimas de estresse pós-traumático causado por crimes, 41% experimentavam disfunção sexual, 82% tinham depressão, 27% manifestavam sintomas obsessivo-compulsivos e 18% sofriam de fobias.

Cerca de 25% a 30% das pessoas que testemunham ou vivem um evento traumático vão exibir sintomas significativos de distúrbio de estresse pós-traumático. Sem tratamento, 50% dessas pessoas vão sofrer desses sintomas durante décadas. O tempo, sozinho, não traz a cura.

As estatísticas referentes a custos ligados ao estresse são realmente alarmantes. Uma pesquisa da revista *Prevention*, de 1996, revelou que 75% dos americanos experimentam um "grande estresse" pelo menos uma vez por semana, e 33% relataram sentir-se dessa maneira ao menos duas vezes por semana. Pesquisas estimam que 75% a 90% de todas as consultas com clínicos gerais se dão por problemas ligados ao estresse. Cerca de um milhão de empregados faltam ao trabalho por causa de sintomas decorrentes do estresse. Entre os americanos, 78% descrevem seus trabalhos como estressantes, e o estresse custa às indústrias do país aproximadamente US$ 300 bilhões anuais. Dos acidentes de trabalho relatados, 68% estão relacionados ao estresse, e incidentes violentos no local de trabalho são muitas vezes causados por esse problema. Dados do Canadá e do Reino Unido indicam estatísticas bem parecidas. O estresse, obviamente, não conhece fronteiras.

Como a maioria dos médicos não tem tempo ou recursos para ajudar a descobrir e eliminar as fontes do estresse, freqüentemente prescrevem múltiplas medicações para tratar os pacientes. Todas as drogas têm efeitos colaterais, e isso faz com que muitas vezes piorem os problemas, em vez de resolvê-los. Vários remédios utilizados para o tratamento do estresse e da ansiedade causam dependência, o que é extremamente grave. Parece que estamos constantemente fugindo do fogo e caindo nas brasas.

Há anos os médicos prescrevem drogas ansiolíticas, especialmente as benzodiazepinas (Valium, Librium, Xanax, Tranxene, Dalmane, Serax, Ativan, etc.), para sintomas de ansiedade ou insônia. Esses remédios freqüentemente produzem, de formas diferenciadas, efeitos colaterais como sonolência, baixa de energia, secura na boca, constipação, piora na coordenação motora e confusão mental. Também criam dependência, o que obriga a monitorar cuidadosamente a suspensão desses medicamentos. Normalmente a suspensão é feita de forma bem gradual, para evitar uma síndrome de abstinência.

Os antidepressivos foram largamente utilizados para tratar vários tipos de depressão. Primeiro, os tricíclicos (Elavil, Tofranil, Sinequan, Pamelor, Norpramin, etc.) eram os mais comumente utilizados. Mas, pela alta incidência de efeitos colaterais, foram suplantados por uma geração mais nova de remédios que atuam primariamente no sistema serotonérgico. Os efeitos colaterais causados por esses antidepressivos (Prozac, Paxil, Celexa, Effexor e Zoloft) são em menor número, mas, ainda assim, bastante desconfortáveis.

Os medicamentos destinados a tratar sintomas de ansiedade e depressão constituem um valoroso tratamento adicional, mas todos eles causam efeitos colaterais que devem ser monitorados. Em geral, o uso de remédios é insuficiente se não se fizer acompanhar de um treinamento em técnicas de relaxamento, e sem as percepções e o entendimento mais profundos fornecidos pela terapia ou pela meditação.

Tratamentos tradicionais como psicoterapia individual ou em grupo costumam aliviar os sintomas do estresse. Naturalmente, essas técnicas devem ser ministradas por um terapeuta competente. Além da compreensão que a terapia traz, o contato regular com o terapeuta e com as pessoas do grupo desenvolve a capacidade de comunicação, o que irá refletir-se nas relações com amigos e familiares. Isso diminui a sensação de isolamento social, reforça a segurança e aumenta a auto-estima, facilitando o processo terapêutico.

São expressivas as vantagens e as oportunidades de cura promovidas por grupos de apoio.

Eu ainda prescrevo remédios, especialmente antidepressivos, para alguns de meus pacientes, porque essas drogas têm a capacidade de melhorar o humor e a concentração. Entretanto sempre associo seu uso à meditação, ao relaxamento e a práticas de redução do estresse. Isso me permite usar os medicamentos em doses menores e por menos tempo. Ficou muito claro para mim que os pacientes se beneficiam mais quando combino práticas de redução do estresse com a medicação do que quando uso apenas as drogas. Eles se sentem mais fortes e seguros, porque estão aprendendo técnicas que irão minimizar a gravidade e a duração de futuros episódios estressantes.

Todos os meus pacientes fazem relaxamento e exercícios de redução de estresse como os que estão no CD que acompanha este livro.

Se você atualmente está fazendo terapia ou usando medicamentos controlados, não altere a ingestão dos remédios nem as sessões de terapia sem conversar a respeito com seu médico ou seu terapeuta.

Capítulo Seis

ALGUNS CASOS CLÍNICOS

Um bom número de pesquisas médicas têm sido feitas no campo da psiconeuroimunologia – a conexão corpo/mente –, em particular, os efeitos da redução do estresse no sistema imunológico. Por exemplo, estudos da Universidade de Miami mostraram que a atitude otimista está positivamente relacionada com uma boa recuperação e com menor ansiedade no período que se segue a uma cirurgia de câncer de mama. O uso de técnicas de relaxamento e de controle do estresse durante dez semanas depois da cirurgia resultou em melhora psicológica e biológica. Essa melhora manteve-se durante um ano ou mais depois do final do período de dez semanas de experiência. As mulheres que participaram dos exercícios para redução do estresse e relaxamento saíram do estado depressivo e conseguiram obter "mais sentido na vida, melhora nas relações sociais e uma revisão de suas prioridades de vida".

O Dr. Michael Antoni, diretor do Centro para Pesquisa

Psicooncológica no Sylvester Comprehensive Cancer Center da Universidade de Miami, afirma o seguinte:

> Em paralelo a essas mudanças psicológicas, observamos que (...) as participantes mostram diminuição dos hormônios do estresse liberados pelas glândulas adrenais, como o cortisol. A redução do cortisol foi maior nas mulheres que reportaram as maiores mudanças psicológicas (...) As reduções do cortisol podem ser importantes para mulheres com câncer de mama, pois níveis elevados de cortisol estão associados à depressão do sistema imunológico em diversos aspectos. Isso é relevante porque a vigilância imunológica de novas células cancerígenas é capaz de proteger a pessoa contra o desenvolvimento de metástase.

Uma de minhas pacientes, de quarenta e poucos anos, que teve câncer de mama e removeu o tumor e os tecidos circunvizinhos, não tolerou a quimioterapia por causa dos sérios efeitos colaterais que a enfraqueciam. Usamos técnicas de relaxamento profundo e de visualização de cura, e essas práticas alteraram sua resistência à dor e ao desconforto. Ela aprendeu a se concentrar profundamente e a evitar o incômodo da quimioterapia. Seu oncologista pôde, então, aumentar a dosagem, o que levou à remissão do câncer.

O que causou a remissão do câncer? A quimioterapia? As técnicas de relaxamento e os exercícios de visualização de cura ou a combinação de todos esses elementos? Na verdade, não importa. Ela melhorou sensivelmente e permanece bem 14 anos depois da cirurgia.

❋ ❋ ❋

Pesquisas médicas com doentes cardíacos concluíram que a combinação de exercícios moderados, dieta adequada e prática de técnicas de redução do estresse pode realmente *reverter* entupimentos da artéria coronariana. É interessante notar que em pacientes que faziam apenas dieta e exercícios, sem a prática de redução do estresse, apesar da menor progressão da doença cardíaca, o entupimento coronariano *não* revertia. Com o acréscimo das técnicas de redução do estresse, ocorreu uma reversão significativa do dano cardíaco.

Estudos como esses têm implicações profundas para o papel das práticas de redução do estresse na prevenção e na *reversão* de doenças graves. Se a reversão da doença pode ocorrer, nunca é tarde demais para começar a aprender técnicas destinadas a diminuir e eliminar o estresse.

Há 12 anos, um famoso cardiologista me indicou um de seus pacientes que, no ano anterior, sofrera um ataque cardíaco. Ed tinha apenas 51 anos. Como o dano cardíaco fora extenso, a maioria de suas atividades de lazer preferidas estavam proibidas. O cardiologista o proibiu de mergulhar, por causa da pressão debaixo d'água. Também foi proibido de sair de lancha e pescar em alto-mar, porque o cardiologista não queria que, numa emergência, Ed estivesse longe de um hospital.

Ed estava compreensivelmente preocupado com a possibilidade de outro infarto, porque sua função cardíaca mal era suficiente para ele viver. Cansava-se facilmente quando caminhava. Havia sido um fumante inveterado, e pensou em voltar a fumar para aliviar a ansiedade permanente. Foi ficando cada vez mais deprimido, com a sensação de morte iminente. Pequenos fatores causadores de estresse ganhavam novas proporções, em casa e no trabalho. Impacientava-se com a mulher e com os colegas, que iam se afastando. Os ansiolíticos prescritos pelos médicos não estavam realmente ajudando. Os remédios para o coração pareciam apenas não deixar a situação piorar. Sua recuperação não era satisfatória. Quando o conheci, estava muito mal.

Começamos a terapia com sessões semanais em meu consultório. Dei a Ed um CD para redução do estresse e pedi que o ouvisse diariamente em casa. Ele começou ouvindo o CD duas vezes por dia, e rapidamente dominou a técnica de relaxamento físico. Logo começou a fazer exercícios leves numa bicicleta ergométrica, pedalando enquanto ouvia o CD. Quando acabava o exercício, ouvia novamente o CD.

Em algumas semanas, sua tolerância aos exercícios aumentou de forma notável. Meses depois, a doença cardíaca começou a reverter. A ansiedade virtualmente desapareceu e a necessidade de fumar acabou. Seus relacionamentos em casa e no trabalho melhoraram sensivelmente.

Impressionado com o progresso de Ed, seu cardiologista suspendeu as restrições quanto às pescarias de lancha. Passou a me enviar muitos de seus pacientes, buscando milagres parecidos. Mas eu sabia que os progressos de Ed não eram um milagre. Como praticara de forma persistente, ele aprendera como alcançar um nível profundo de relaxamento, como eliminar o estresse e a ansiedade, permitindo assim que o poder curativo natural do corpo e da mente eliminasse sua doença.

Hoje, 12 anos depois, Ed continua com excelente saúde, sem recorrência da sua progressiva doença coronariana. Uma porção significativa do seu músculo cardíaco se regenerou. Além disso, ele conseguiu adquirir e manter uma sensação de paz interior e de calma que permanece mesmo quando não está meditando ou praticando com o CD. Sua perspectiva em relação à vida – sobre o que é e o que não é importante – mudou para melhor. Ed agora é um homem muito mais feliz.

❋ ❋ ❋

As técnicas de redução do estresse podem ajudar bastante também a combater o vício do fumo. Não é necessário enumerar os efeitos danosos do tabaco em fumantes ativos e passivos. Câncer de pulmão, enfisema, problemas cardíacos, envelhecimento prematuro da pele são apenas algumas das sérias conseqüências para quem fuma de modo constante. Na ajuda a fumantes para deixar o vício, os índices de sucesso das técnicas de redução do estresse são significativos. As pessoas se libertam do vício e tanto elas como os que estão à sua volta recebem enormes benefícios para a saúde.

Capítulo Sete

Estresse e preocupação

Há inúmeras fontes de estresse originadas de acontecimentos que não podemos controlar. Mas, se não somos capazes de evitar os acontecimentos estressantes, *podemos controlar* nossa forma de reagir a eles. Infelizmente, passamos mais tempo nos preocupando com o que acontece do que tomando consciência da atitude que podemos assumir para nos defender.

Temos muitas preocupações. Nós nos preocupamos com dinheiro, apesar de sabermos que ele é apenas uma ferramenta, um meio para alcançar um fim. O que realmente desejamos é um pouco de segurança, um pouco de alegria e um sentimento básico de felicidade. Segurança, alegria e felicidade são estados internos e gratuitos que o dinheiro não pode comprar, enquanto que a preocupação é apenas um hábito negativo e desagradável. Preocupar-se não vai mudar nada, nem vai nos fazer conquistar aquilo que realmente desejamos. É claro que o dinheiro pode ajudar, mas não vai lhe trazer a felicidade que você procura. Como psicoterapeuta, tive vários pacientes que, apesar de extremamente ricos, eram infelizes e deprimidos. O dinheiro em si é neutro, nem bom nem ruim. O que você faz com o dinheiro é que confere valor a ele.

Nós nos preocupamos com o sucesso e o fracasso, embora estes sejam conceitos difíceis de definir. Uma pessoa pobre que se sente feliz e tem relacionamentos felizes é um fracasso? Uma pessoa rica com relacionamentos ruins e uma vida sem amor é um sucesso? As definições de fracasso e sucesso transmitidas pela nossa cultura são deficientes e muitas vezes distorcidas. Então por que se preocupar com o sucesso que ela descreve?

Nós nos preocupamos demais com o que os outros pensam a nosso respeito – seus julgamentos, opiniões e críticas. No entanto, as opiniões da maioria das pessoas se baseiam nos mesmos valores culturais que medem o dinheiro e definem o sucesso. Temos que saber o que *nós* somos e o que *nós* desejamos. Isso é o essencial.

Todos os outros medos caem no mesmo paradigma. A preocupação não produz mudanças positivas ou crescimento. Não altera o futuro. É útil *planejar* para o futuro, mas não preocupar-se. É um hábito inútil, uma reação condicionada que herdamos de nossos pais, professores e comunidade. Racionalmente, todos sabemos isso, mas é difícil quebrar velhos hábitos. Se pudéssemos parar de nos preocupar tanto, seríamos mais felizes! Experimentaríamos muito menos estresse em nossa vida.

Se pensarmos bem, constataremos que esse tipo de estresse é uma ilusão. Não é real. Nós é que o criamos em nossas mentes. Planeje o futuro, mas não se preocupe com ele. No momento em que tiver que enfrentar algum problema, apele para a força que existe em você. Acredite, você tem muito mais recursos do que imagina.

Os fatos ou os pensamentos capazes de produzir reações de estresse são subjetivos e relativos. Um fato que traumatiza você pode não me afetar em nada, ou vice-versa. Um fato que causou um estresse considerável no ano passado pode ser enfrentado tranqüilamente este ano, porque sua atitude ou perspectiva podem ter mudado nesse meio-tempo. Talvez agora você até encare a experiência como um desafio interessante, em vez de vê-la como uma ameaça, um trauma, um fator de estresse. Tudo está simplesmente na visão de quem passa pela experiência. Nós temos capacidade de escolher nossa reação ao que acontece. Vamos reagir com medo ou com confiança e otimismo? Lembre-se de que a escolha é sua: estresse ou confiança, medo ou força, ansiedade ou busca de paz interior.

❋ ❋ ❋

Já compareci, como convidado, a centenas de programas de televisão, em diversos países. Lembro-me nitidamente da ansiedade que senti na primeira vez. Era um programa da TV local, com um baixíssimo nível de audiência. Mas meu coração palpitava, a voz não estava firme e as mãos tremiam. Agora, raramente fico ansioso quando vou aparecer na TV, mesmo no programa mais popular do país. O que mudou?

Bem, a única diferença foi minha forma de encarar o acontecimento. Naquela primeira noite, estava preocupado demais com minha aparência, com meu modo de falar, com o julgamento de meus colegas médicos, com o que as pessoas, especialmente meus amigos e minha família, iam pensar. Com o passar do tempo, ganhei experiência e entendi meu papel. Sou um professor, não sou um ator. Meu desejo é ajudar os outros a serem mais felizes. Nesse sentido, minha mensagem é muito mais importante do que minha aparência. Tento transmitir o que aprendi nos livros e o que meus alunos e os participantes dos seminários me ensinaram, para que o público possa se beneficiar desse conhecimento. Não me preocupo mais com o que os outros pensam, porque sei que estou dando o melhor de mim para ensinar e ajudar. Assim que percebi que esse era o meu objetivo, a ansiedade e o estresse desapareceram.

Capítulo Oito

Estresse e espiritualidade

Acreditar num plano ou num propósito divino pode reduzir o estresse drasticamente. Precisamos saber que os obstáculos da vida são ocasiões preciosas de aprendizado. Algumas vezes os períodos mais difíceis são aqueles em que mais progredimos espiritualmente, em que aprendemos nossas lições da alma de maneira mais rápida. Ver um obstáculo, um problema ou mesmo uma tragédia como uma oportunidade de crescimento nos faz encará-los de outra forma. Quando compreendemos a lição contida em cada experiência, vivemos a dor e o sofrimento de maneira muito mais positiva e livre de estresse.

Como disse o místico cristão Pierre Teilhard de Chardin: "Somos seres espirituais numa aventura humana, e não seres humanos numa aventura espiritual." Ele estava certo. Se reconhecermos a lição da alma, poderemos crescer além do sofrimento, e não há estresse nesse estado de compreensão.

Nós nos preocupamos muito com os resultados de nossas

ações. Mas se não ficássemos tão obcecados com os resultados, se parássemos de avaliar tudo como sucesso ou fracasso, seríamos muito mais felizes. Se conseguíssemos nos aproximar do nosso semelhante com amor e compaixão, sem nos preocupar com o que vamos receber em troca – o que vamos ou não *ganhar* –, nossas vidas seriam cheias de alegria.

O amor é o antídoto do estresse – embora neste mundo violento, cheio de cobiça e ódio, pareça muito difícil amar incondicionalmente. Esta é sem dúvida uma lição espiritual extremamente desafiadora. Se você pudesse amar incondicionalmente... se fosse consciente de sua real natureza espiritual, de sua alma... se não esperasse retribuição de seus atos espontâneos de compaixão... se pudesse desapegar-se emocionalmente das coisas materiais... então nunca mais seria vítima de um estresse prolongado ou nocivo, e seus dias e noites seriam cheios de alegria e felicidade.

É praticamente impossível atingir a plenitude dos estados que acabei de descrever. Mas podemos, com dedicação e persistência, ir dando pequenos passos nessa direção. Como psiquiatra, conheço a enorme luta para superar todos os condicionamentos a que estamos expostos, sobretudo o familiar e o cultural. Mas sei também que aqueles que se empenham em caminhar na direção do amor, da compaixão e do desapego – aqueles que desenvolvem sua dimensão espiritual – atingem um estado de paz interior que resulta em felicidade no seu sentido mais profundo.

Capítulo Nove

UMA ABORDAGEM EM TRÊS NÍVEIS PARA A REDUÇÃO DO ESTRESSE

O exercício contido no CD que acompanha este livro aborda o alívio do estresse de três maneiras: física, psicológica e espiritual.

A primeira abordagem é física, levando o corpo a alcançar um profundo estado de relaxamento muscular. Se você praticar o exercício regularmente, vai descobrir que é capaz de alcançar um nível mais profundo de relaxamento e paz interior cada vez com mais rapidez e facilidade. Aprendendo a relaxar totalmente os principais grupos musculares do corpo, uma espécie de memória muscular irá se estabelecer. Além disso, uma consciência dos níveis de tensão muscular vai se desenvolver, fazendo com que você perceba rapidamente as mudanças sutis no grau de tensão muscular e possa atuar para desfazê-la. As técnicas de relaxamento podem ser realizadas na vida diária e usadas conscientemente em épocas de estresse, quebrando o ciclo de tensão muscular e de sintomas físicos.

O antídoto físico à reação do estresse é extremamente importante. Praticando com o CD ou utilizando outras técnicas de relaxamento e meditação, você pode interromper a produção de hormônios do estresse e dos transmissores. Com a neutralização das substâncias químicas do estresse, seu corpo rapidamente voltará ao equilíbrio. Com a prática, você se tornará capaz de bloquear completamente a reação ao estresse.

Neste CD você vai aprender a controlar a respiração e evitar a hiperventilação que ocorre quando o estresse se acentua. Quando uma pessoa respira muito rapidamente, ela libera uma grande quantidade de gás carbônico (dióxido de carbono), aumentando o consumo de oxigênio. Tal processo leva a sensações de tonteira, vertigem e ansiedade. A maioria dos ataques de pânico é acompanhada e exacerbada pela hiperventilação. Esses ataques podem ser abortados pelo relaxamento dos músculos, que acaba com a hiperventilação. É importante estar atento para perceber logo a aproximação dos ataques de ansiedade, porque imediatamente se pode recorrer aos "remédios que salvam".

A velha técnica de respirar em um saco de papel para acabar com um ataque de ansiedade se baseia no mesmo princípio. Na medida em que é novamente inspirado, o ar se torna mais rico em dióxido de carbono, e a taxa de oxigênio cai, restabelecendo um equilíbrio mais normal. Mas se você consegue logo perceber que está hiperventilando e recorre ao relaxamento, o saco de papel se torna desnecessário.

Quando você aprende a controlar a respiração e a musculatura, torna-se capaz de encontrar o lugar de paz profunda e de segurança que está dentro de cada um de nós. Quando alcança esse nível de paz interior, cessa completamente a produção de qualquer substância química ou dos hormônios produtores de estresse. Você aprende a dominar seu corpo e sua mente. Você detém o controle. Nesse nível, nada nem ninguém é capaz de lhe tirar a paz interior e a alegria.

Os místicos que atingem tal estado descrevem como se libertam do medo, do estresse e do desejo de controlar os outros. Podem estar encerrados numa prisão, mas mesmo assim sentem-se completamente livres. Somos todos místicos. Todos podemos ser livres. Basta lembrar como fazer.

A segunda abordagem é psicológica. O texto contido no CD conscientiza o ouvinte e o fortalece, mostrando que conscientemente *podemos* nos libertar do estresse. Para isso precisamos mudar nossas atitudes, percepções e perspectivas, e ter a convicção de que é possível *controlar* as situações que levam ao estresse. Quando temos condições de escolher o que é melhor para nós, podemos alterar nosso estado mental e nossos condicionamentos. Podemos transformar o estresse em uma lição de vida positiva.

❋ ❋ ❋

Outro paciente meu, Jay, de 35 anos, executivo do ramo de seguros, detestava seu trabalho, mas se sentia preso numa armadilha, porque a posição lhe dava dinheiro e prestígio. Embora tivesse uma casa bela e espaçosa e um luxuoso carro esporte, seu casamento fracassara e ele estava no meio de um processo de divórcio litigioso. Sentia-se estressado no trabalho e em casa. Sofria de insônia, problemas gastrointestinais, dor de cabeça e letargia. Estava começando a ter ataques de ansiedade.

Nossa abordagem terapêutica foi o modelo em três níveis que já citamos – físico, psicológico e espiritual. Usamos ativamente o relaxamento e Jay o praticou religiosamente com o auxílio do CD de redução do estresse. Ele logo aprendeu a relaxar os músculos e a controlar a respiração para evitar a hiperventilação quando estivesse sob estresse.

Ter consciência do que está acontecendo conosco no momento presente é sumamente importante. Ter consciência significa perceber totalmente o que está acontecendo com nossos músculos, e se dar conta dos pensamentos e emoções presentes em nossa mente *naquele exato momento*. Quando estamos atentos, minimizamos a ansiedade, porque nos tornamos observadores de nossos processos físicos e mentais e conseguimos atuar sobre eles.

Assim que Jay começava a perceber um aumento de tensão ou enrijecimento dos músculos, passava a relaxá-los. Quando se via hiperventilando, conscientemente diminuía o ritmo da respiração.

A abordagem psicológica com Jay envolveu um processo

terapêutico para ajudá-lo a conhecer-se e compreender-se melhor, e a tomar consciência dos fatores que geravam estresse em sua vida. Ele foi começando a perceber que sua identidade não podia depender da opinião dos outros, e que era fundamental que *ele* próprio soubesse quem ele era: uma pessoa boa, simpática e agradável, sujeita a errar, como todos os seres humanos, mas também capaz de reparar seus erros. Descobriu que as opiniões alheias são sempre subjetivas, baseadas nas experiências dos outros, e não precisavam afetá-lo negativamente nem diminuir sua auto-estima. Aos poucos, Jay foi se tornando capaz de impedir que tirassem sua alegria ou sua paz interior, consciente de que isso só aconteceria se ele permitisse. Conseguiu não dar mais importância às pessoas negativas e críticas.

Jay também percebeu que a verdadeira segurança é um estado interior. Podemos perder nossos bens materiais a qualquer momento, mas apenas *nós* podemos nos desfazer de nossa paz interior, nossa auto-estima e nosso amor-próprio. A casa, o carro, as contas bancárias e a lancha de Jay eram apenas bens, apenas coisas. Não eram elas que mediam seu valor como pessoa. Suas boas ações, seus pensamentos, seus atos, sua evolução emocional e espiritual importavam muito mais. Numa perspectiva espiritual, ele compreendeu que, ao morrermos, não levamos os bens materiais. Levamos nossos relacionamentos, nosso aprendizado, nosso crescimento.

Jay entendeu que a qualidade de seus relacionamentos era mais importante do que a quantidade de seus bens. Seu divórcio foi amigável. Ele e a mulher perceberam que tinham se distanciado sob muitos aspectos, como é comum acontecer. Conseguiram se comunicar claramente e com afeto, à medida que se liberavam para cada um seguir seu próprio caminho.

Jay percebeu que tinha facilidade para escrever, paixão que abandonara muitos anos antes, porque erradamente lhe ensinaram que o dinheiro era mais importante do que os sonhos. Fechou seu escritório e se mudou para a Califórnia, onde conseguiu alcançar um razoável sucesso como roteirista. Agora ele é muito mais feliz.

❋ ❋ ❋

A terceira abordagem é a espiritual. Quando realmente entendemos a natureza de nossas almas e as lições que todos viemos aqui para aprender, quando lembramos que somos imortais e eternos, não apenas o estresse é liberado, mas uma energia de alegria e amor jorra em nossas consciências, como um rio sendo renovado pelas chuvas refrescantes da primavera.

Não é necessário dominar todas as três abordagens para se beneficiar do CD. Adquirir a habilidade do relaxamento físico profundo por si só produzirá um expressivo alívio curativo. Você vai se libertar dos sintomas do estresse. Seu corpo vai se sentir melhor, seu nível de energia vai aumentar, o sono vai melhorar e se tornar mais reparador, você vai sentir uma paz interior maior. Será capaz de eliminar os sintomas do estresse e da ansiedade assim que surgirem e terá aprendido a devolver ao seu corpo um equilíbrio cheio de paz. Poderá evitar que o estresse e a ansiedade cheguem a níveis desconfortáveis ou perigosos. Vai descobrir que tem o poder de controlar seu corpo físico.

Sua saúde física também vai se beneficiar. Sintomas do estresse como dores de cabeça, hiperacidez estomacal, pressão arterial elevada, problemas cardíacos, insônia e pesadelos, perda ou ganho de peso, queda de cabelo, problemas de pele, ataques de ansiedade e pânico, dificuldade de concentração, diminuição crônica dos níveis de energia, entre muitos outros problemas de saúde, vão diminuir significativamente ou até ser eliminados. Acredite, todos temos uma impressionante capacidade de influenciar e controlar os processos fisiológicos do nosso corpo. Nós nos esquecemos de como dominar tais processos, mas, com a prática, podemos recuperar essa habilidade. O texto contido no CD que acompanha este livro vai lhe ensinar como fazer isso.

À medida que se sentir mais capaz de controlar seu estado físico, seu desempenho mental vai brilhar e você se sentirá mais otimista e esperançoso. Seu humor vai melhorar, pois os sentimentos de tristeza e desesperança irão diminuir. Com a melhora do humor, os relacionamentos serão favorecidos, pois você passará a reagir de maneira mais positiva e paciente. Os outros se aproximarão mais de você, ao perceber seu estado de espírito feliz e sereno. Dessa forma, será estabelecido e mantido um ciclo positivo de interação nos seus relacionamentos, um ciclo que irá se autofortalecer.

Em um de meus livros, escrevi sobre como remover obstáculos que nos separam de nossa alegria e nossa felicidade. A compreensão espiritual pode dissolver o estresse e o medo. Nossa perspectiva de vida deixa de ser comum e diária para tornar-se transcendente e eterna. Quando ocorre essa mudança na consciência, o estresse tende a ser eliminado. Vemos e sentimos o mundo de um modo diferente. Escrevi:

> Somos todos criados à imagem de Deus, e Deus está dentro de nós. Nossa natureza fundamental básica é amorosa, serena, equilibrada e harmoniosa. Somos por natureza cheios de compaixão, zelo e bondade. Somos almas.
>
> Ao longo de nossas vidas, uma camada de medo, raiva, inveja, tristeza, insegurança e muitos outros pensamentos e emoções negativos se acumulam e cobrem nossa bela natureza interior. Essa camada externa é intensificada e reforçada por nossa educação na infância e pelas experiências da vida. Aparentamos ser o que não somos – pessoas cheias de raiva, medo, insegurança, culpa e dúvidas. Esquecemos quem somos realmente.
>
> Não precisamos aprender sobre amor e equilíbrio, sobre paz e compaixão, sobre perdão e fé. Sempre soubemos o que essas coisas são.
>
> Ao contrário, nossa tarefa é *desaprender* as emoções e atitudes negativas e danosas que perturbam nossa vida e causam tanta infelicidade a nós, a nossas comunidades e ao nosso mundo. Libertando-nos desses atributos

negativos, redescobrimos nossa verdadeira natureza, nosso eu positivo e amoroso. Ele esteve presente todo o tempo, coberto, escondido e esquecido.

Quando removermos as camadas externas de sujeira, detritos, emoções e pensamentos negativos, então poderemos redescobrir os verdadeiros diamantes que somos na verdade. Somos almas divinas e imortais voltando para casa. Sempre fomos diamantes escondidos.

Libertar-se de pensamentos e emoções negativos e descobrir a paz interior, a alegria e a felicidade – são esses os objetivos. A vida se tornará muito mais agradável. Você vai progredir com mais consciência ao longo do seu caminho espiritual. E sua alma vai se manifestar através de um corpo físico infinitamente mais saudável e resistente a doenças. Que maravilhosa combinação!

Quero porém lhe dizer que, mesmo que olhe com certo ceticismo as lições espirituais e suas implicações, você pode certamente se beneficiar física e emocionalmente com as práticas e atitudes aqui descritas. Os benefícios que elas trarão para sua saúde são razões fortes e concretas para você seguir as sugestões. Eu acredito que, ao longo do caminho, os benefícios espirituais se acumularão de qualquer modo. Você não tem nada a perder, e tudo a ganhar.

Capítulo Dez

COMO USAR O CD

O exercício de redução do estresse que está no CD que acompanha este livro é uma ferramenta poderosa para a autocura. Ele ensina técnicas para atingir estados profundos de relaxamento. Você vai aprender a reconhecer e aliviar a tensão dos músculos, a controlar o ritmo da respiração e a tomar consciência das percepções físicas, emocionais e psicológicas para chegar a um nível de equilíbrio saudável sempre que desejar.

Ouvir o CD é totalmente seguro. Se você se sentir desconfortável com qualquer imagem ou sentimento, distancie-se para observar ou sentir de longe. Se o desconforto continuar, volte a uma cena repleta de paz e beleza, ou abra os olhos a qualquer momento e interrompa o processo. É você quem o controla.

Na verdade, é extremamente raro ocorrer algum desconforto enquanto se ouve o CD. O efeito predominante é de paz e relaxamento profundo. O estresse e a ansiedade diminuem e muitas vezes desaparecem. O texto do CD jamais cria sintomas; ele os cura.

O CD para redução do estresse pode ser uma valiosa ajuda para diminuir a ansiedade, melhorar o humor e curar sintomas. É importante afirmar que ele não pretende ser um substituto de cuidados médicos ou psicológicos, embora possa certamente ser usado em conjunto com outras técnicas terapêuticas. Se você está passando por um problema físico ou mental significativo, se está fazendo psicoterapia, se tem alguma doença neurológica, consulte antes seu médico ou seu terapeuta, e só utilize o CD sob a supervisão dele.

Você experimentará benefícios em muitos níveis: físico, emocional, psicológico e espiritual. É possível perceber mudanças positivas depois da primeira ou segunda vez que ouvir o CD, mas pode ser necessário praticar mais vezes. Seja paciente, vai valer a pena. Pessoas que convivem com você talvez percebam as transformações positivas antes que você se dê conta delas. O segredo é não se deixar frustrar e continuar praticando. Não existe uma fórmula mágica. Com a repetição, você irá atingindo camadas mais profundas, cada vez mais depressa, até alcançar o maravilhoso nível de paz interior e tranqüilidade onde ocorrem a mudança e a transformação.

Sobre o autor

Brian L. Weiss, autor do best-seller *Muitas vidas, muitos mestres* e de diversos outros livros, é psiquiatra e vive em Miami, na Flórida, onde clinica.

Dr. Weiss realiza seminários nacionais e internacionais, além de programas de treinamento para profissionais.

Formado pela Universidade de Colúmbia e pela Escola Médica de Yale, foi diretor do setor de psiquiatria do Centro Médico Monte Sinai, em Miami.

Seus outros livros são: *A cura através de terapia de vidas passadas, A divina sabedoria dos mestres, Meditando com Brian Weiss, Mensagens dos mestres, Muitas vidas, uma só alma, Os espelhos do tempo* e *Só o amor é real.*

Site: www.brianweiss.com

❋ ❋ ❋

CONHEÇA OUTROS TÍTULOS DE BRIAN WEISS

MUITAS VIDAS, UMA SÓ ALMA

Depois da transformadora experiência de levar seus pacientes a vidas passadas durante sessões de hipnose, o Dr. Brian Weiss não poderia imaginar que algo mais incrível ainda estava para acontecer: algumas dessas pessoas começaram a visitar o futuro.

Ao descobrir que a visão dessas vidas futuras amenizava os problemas emocionais de seus pacientes, o Dr. Weiss começou a adotar a terapia de progressão. Desde então, vem ajudando milhares de pessoas a transformar suas vidas, libertando-as de medos, traumas e preconceitos.

Pense no significado dessa experiência! Assim como temos uma infinidade de vidas passadas, temos também uma infinidade de vidas futuras. Usando nosso conhecimento sobre o que aconteceu antes e *sobre o que pode acontecer depois*, somos capazes de moldar o futuro do mundo e *nosso* próprio futuro.

Muitas vidas, muitos mestres

Como terapeuta tradicional, o Dr. Brian Weiss ficou surpreso e incrédulo quando uma de suas pacientes começou a se lembrar de traumas sofridos em vidas passadas e que pareciam ser a chave para suas fobias e seus ataques de ansiedade.

Seu ceticismo, porém, veio abaixo quando ela passou a canalizar mensagens do "espaço entre vidas", trazendo notáveis revelações sobre a vida pessoal do Dr. Weiss. Usando a terapia de vidas passadas, ele foi capaz de curá-la e ingressar numa nova e mais significativa fase de sua própria carreira.

Esta fantástica jornada vivida por Catherine e pelo Dr. Weiss, contada com imensa sensibilidade nesse livro, é uma experiência que eles continuam a partilhar com o mundo. Nas palavras do próprio autor: "As respostas já estão dadas. Somos imortais. Vamos sempre estar juntos."

SÓ O AMOR É REAL

Elizabeth é uma mulher que inicia uma terapia de regressão por conta de muitos relacionamentos fracassados. Com a ajuda do Dr. Weiss, penetra em suas vidas anteriores e começa a entender seu presente. Simultaneamente, outro paciente, um rapaz chamado Pedro, busca na terapia de regressão as respostas para seu sofrimento.

Estranhos um ao outro no presente, Pedro e Elizabeth começam a descrever, durante as sessões de regressão, os mesmos fatos com incrível coincidência de detalhes e demonstram experimentar as mesmas emoções. Intrigado, Dr. Weiss passa a investigar a relação dos dois em vidas passadas e acaba se deparando com a seguinte pergunta: teriam sido eles um casal apaixonado?

A resposta a essas perguntas é uma história fascinante e enternecedora, para a qual nem o psiquiatra nem seus pacientes estavam preparados, mas que invadiu seus cotidianos e os transformou para sempre.

A DIVINA SABEDORIA DOS MESTRES

"Considero esse livro o ponto mais alto de meus vinte anos de estudos e experiências. Ele vai além dos outros livros, fazendo a ligação entre todas as minhas descobertas. Ele explica como usar o conhecimento acumulado para trazer alegria, equilíbrio e harmonia para sua vida a partir de agora.

Ele ensina como livrar-se do medo, das ansiedades, da tristeza, da raiva e de todos os sentimentos e pensamentos que nos prejudicam. Quando as pessoas vivem intensas experiências espirituais, a energia do amor está sempre presente. É um amor incondicional, absoluto e transcendente. É uma energia atemporal, carregada de sabedoria e compaixão.

Espero e desejo que esse livro lhe ensine a reconhecer o amor, a cultivá-lo e a ampliar sua experiência de amor (especialmente o amor a si e nos relacionamentos), manifestando-o e irradiando para os outros. Como conseqüência, você inevitavelmente experimentará mais alegria, saúde e felicidade."

Brian Weiss

Os espelhos do tempo

Em *Os espelhos do tempo*, o Dr. Weiss descreve os benefícios dos exercícios de regressão, desfazendo os principais mitos a seu respeito e respondendo às dúvidas mais freqüentes sobre o seu uso.

Acompanhado de um CD com as meditações *Exercícios de regressão* e *Regressão através do tempo*, esse livro vai ajudar você a entender o processo de regressão e iniciar as suas próprias experiências.

Meditando com Brian Weiss

"O mundo de hoje invade nosso cotidiano e até mesmo os momentos de descanso e prazer com pressões e demandas que se acumulam, tumultuando nossa mente. Torna-se cada vez mais difícil nos voltarmos para dentro de nós mesmos, tentando iluminar nosso íntimo e visualizar a causa de nossas angústias.

Através da meditação, vivenciamos uma beleza interior que nos faz repensar tudo o que nos rodeia e a nós mesmos. Que nos faz confiar na capacidade – que de fato possuímos – de utilizar e direcionar nossas energias para a purificação de nossos corpos e mentes, para a descoberta e o desenvolvimento de nossa espiritualidade."

Brian Weiss

CONHEÇA OS 50 CLÁSSICOS DA SEXTANTE

ESPIRITUALIDADE/INSPIRAÇÃO

Muitas vidas, muitos mestres, de Brian Weiss
Muitas vidas, uma só alma, de Brian Weiss
Jesus, o maior psicólogo que já existiu, de Mark W. Baker
Conversando com os espíritos, de James Van Praagh
A última grande lição, de Mitch Albom
Uma ética para o novo milênio, de Sua Santidade, o Dalai-Lama
A arte da meditação, de Daniel Goleman
O Mestre dos Mestres (Coleção Análise da Inteligência de Cristo), de Augusto Cury
Espiritualidade, um caminho de transformação, de Leonardo Boff
Autobiografia de um iogue, de Paramahansa Yogananda
O Poder do Agora, de Eckhart Tolle

NEGÓCIOS

O monge e o executivo, de James C. Hunter
Como se tornar um líder servidor, de James C. Hunter
Jesus, o maior líder que já existiu, de Laurie Beth Jones
Faça o que tem de ser feito, de Bob Nelson
Seu balde está cheio?, de Tom Rath e Donald O. Clifton
A hora da verdade, de Jan Carlzon
A Boa Sorte, de Álex Rovira Celma e Fernando Trías de Bes
Você é mais capaz do que pensa, de John G. Miller
Seis fundamentos do sucesso profissional, de Stuart R. Levine

FICÇÃO

O Código Da Vinci, de Dan Brown
Ponto de Impacto, de Dan Brown
Anjos e Demônios, de Dan Brown
Fortaleza Digital, de Dan Brown
As cinco pessoas que você encontra no céu, de Mitch Albom

Livros de bolso

Você é insubstituível, de Augusto Cury
Dez leis para ser feliz, de Augusto Cury
Seja líder de si mesmo, de Augusto Cury
Palavras de sabedoria, de Sua Santidade, o Dalai-Lama
A vida é bela, de Dominique Glocheux
Filtro solar, de Mary Schmich
Posso conseguir o que desejo, de Iyanla Vanzant
Quem acredita sempre alcança, de Peter McWilliams

Auto-ajuda

O método fácil de parar de fumar, de Allen Carr
Por que os homens fazem sexo e as mulheres fazem amor?, de Allan e Barbara Pease
Desvendando os segredos da linguagem corporal, de Allan e Barbara Pease
Por que os homens mentem e as mulheres choram?, de Allan e Barbara Pease
O poder que vem do seu nome, de Aparecida Liberato e Beto Junqueyra
Nunca desista de seus sonhos, de Augusto Cury
Pais brilhantes, professores fascinantes, de Augusto Cury
100 segredos das pessoas felizes, de David Niven
100 segredos dos bons relacionamentos, de David Niven
Não leve a vida tão a sério, de Hugh Prather
Mantenha o seu cérebro vivo, de Laurence Katz e Manning Rubin
Enquanto o amor não vem, de Iyanla Vanzant
A Dieta do Abdômen, de David Zinczenko e Ted Spiker
A Dieta de South Beach, de Arthur Agatston
O poder da paciência, de M. J. Ryan

Referência

1.000 lugares para conhecer antes de morrer, de Patricia Schultz
O ócio criativo, de Domenico De Masi

INFORMAÇÕES SOBRE OS
PRÓXIMOS LANÇAMENTOS

Para receber informações sobre os lançamentos da EDITORA SEXTANTE, basta enviar um e-mail para atendimento@esextante.com.br ou cadastrar-se diretamente no site www.sextante.com.br

Para saber mais sobre nossos títulos e autores, e enviar seus comentários sobre este livro, visite o nosso site: www.sextante.com.br

EDITORA SEXTANTE
Rua Voluntários da Pátria, 45 / 1.404 – Botafogo
Rio de Janeiro – RJ – 22270-000 – Brasil
Telefone: (21) 2286-9944 – Fax: (21) 2286-9244
E-mail: atendimento@esextante.com.br

IMPRESSÃO E ACABAMENTO